W0270614

Collection

dossier

1. Jean Vanier, **La Dépression**
2. Jean-François Six, **La Solitude**
3. Stan Rougier, **L'attente des jeunes**
4. Denis Sonet, **Le Mariage**
5. Guy Gilbert, **La Violence**
6. D. Sonet, **L'art d'être parents et grands-parents**

L'art d'être parents et grands-parents

© 2001 Le Livre Ouvert
10190 Mesnil Saint-Loup (France)
ISBN 2-907429-79-5

DENIS SONET

illustrations
Bernard DEBELLE

L'art d'être parents et grands-parents

Éditions du Livre Ouvert

Plus qu'un métier... un art !

"Vos enfants ne sont pas vos enfants"

Cette phrase bien connue de Khalil Gibran prend un sens tout particulier dans le monde moderne. La rue, les médias, les revues de jeunes, les films véhiculent des idéologies et des valeurs souvent très différentes des conceptions parentales. Les parents se sentent contraints à considérer l'Éducation comme un véritable métier qu'ils doivent apprendre absolument s'ils veulent aider leurs enfants à grandir dans un monde pluriel, qui n'est pas toujours porteur des valeurs essentielles. Ils savent aussi qu'ils ont besoin des autres parents, des autres éducateurs... et aussi des grands-parents dont le rôle paraît de plus en plus important.

Mais l'enfant n'est pas une mécanique dont il suffirait de bien connaître les lois et les exigences pour le façonner à son gré. Si vous lisez ces lignes pour y trouver des recettes infaillibles et efficaces pour aider vos enfants à réussir leur vie dans un monde difficile, vous risquez d'échouer et d'être déçus. On peut connaître parfaitement la psychologie de l'adolescent et pourtant être incapable de contrôler une dérive. C'est que l'Éducation est plus qu'un métier, c'est un ART. Elle exige cette subtilité du cœur qui devine les richesses de l' autre, accepte et respecte ses limites, patiente devant la lenteur de son évolution, trouve les paroles et les attitudes heureuses dans les périodes de crise, fait confiance au-delà du raisonnable.

Qu'il y ait en éducation une part de métier, qui le nierait, mais rien ne remplace le "filling" et l'ingéniosité du cœur.

L'art exige une disponibilité : l'inspiration n'est pas au rendez-vous sur commande. Les parents modernes sur-occupés, n'ont pas toujours au moment voulu le comportement ajusté à une situation qui demande un temps d'écoute suffisante, alors qu'une réponse rapide s'impose.

C'est là que les grands-parents peuvent jouer un rôle de premier plan. Le problème, c'est que les grands-parents d'aujourd'hui ne sont pas semblables au "modèle d'antan". Ce sont souvent de jeunes parents, ayant encore dans la cité et dans l'Église des responsabilités, et souvent forts occupés eux-mêmes : comment alors décharger leurs enfants en prenant chez eux des petits-enfants ? De plus, ils sont loin d'être identiques : il y a des grands-parents rejetés, et des grands-parents rejetants, des grands-parents "exploités" et des grands-parents possessifs, des grands-parents rétro et des grands-parents très jeunes de caractère. Ce qui est sûr c'est qu'ils sont plus nombreux qu'autrefois : 50% des enfants ont encore au moins un couple complet de

grands-parents. Alors qu'autrefois, 5% seulement d'enfants à la naissance avaient cette chance ! Dans les familles recomposées, il arrive aussi qu'un enfant se retrouve avec six ou huit grands-parents ! De toute façon, leur importance est de plus en plus reconnue par les psychologues qui ne se contentent pas de rechercher le déséquilibre d'un enfant dans le couple parental, mais remontent à la génération antérieure ! Mais pour eux-aussi, grands-parents, l'éducation de leurs petits-enfants, est plus qu'un métier. C'est un art... et une joie !

Si l'Éducation est un ART, nous devons commencer par nous interroger nous-mêmes sur notre propre comportement éducatif : que voulons nous réellement pour nos enfants ? Quel objectif est pour nous prioritaire ? Quel projet avons nous consciemment ou non sur eux ? Bref, que désirons nous vraiment pour eux ?

Si l'Éducation comporte une part de métier nous avons également à bien connaître les besoins profonds de nos enfants et les solutions que l'on peut apporter pour répondre à leurs attentes.

- I -

Vous, Parents, Grands-parents, que désirez-vous vraiment pour vos enfants et vos petits-enfants ?

Il est bon de se poser cette question, dont la réponse varie tellement d'un couple à l'autre.

Le projet parental dépend en effet :

- des modèles familiaux reçus,
- du nombre de frères et sœurs que vous avez,
- de votre place dans la fratrie,
- de votre histoire,
- des idées véhiculées sur l'enfant par le milieu culturel à une époque donnée,
- des conditions économiques du moment,
- des choix que vous avez faits pour votre vie,
- de votre idéologie, de vos croyances...

Important !

Avez-vous pris conscience de vos objectifs éducatifs ?

Quel type d'enfant désirez-vous plus ou moins consciemment façonner ? Est-ce :

- L'enfant-poli -

«qui sait dire bonjour, merci, s'il te plait ?»

- L'enfant-savant -

Destiné à faire de grandes études ?

- L'Enfant-fierté-de-la-famille -

De sorte que les parents soient bien jugés? L'essentiel étant de paraître!

- L'Enfant-qui-ne-doit-pas-connaître-ce-qu'on-a-connu -

l'enfant qui ne doit pas connaître la souffrance et la frustration ?

- L'Enfant-nous-même -

appelé à vivre comme nous, les mêmes valeurs que nous, à vivre l'enfance dont nous avons été privés ?

- L'Enfant soumis et obéissant

Il semble bien que, parents et grands-parents, vous ayiez deux objectifs pas toujours faciles à concilier :

- Que votre enfant soit lui-même, autonome.
- Qu'il vive les valeurs que vous avez vécues.

VOTRE 1er OBJECTIF

"Que votre enfant soit lui-même !"

- Qu'il soit différent de vous, pas votre copie ou celle de vos rêves.
- Qu'il réponde à son appel personnel pour se réaliser.
- Qu'il soit un jour "autonome", capable de s'assumer sans le secours continuel de ses parents.

Pour cela :
- Vous passerez d'un enfant imaginaire à votre enfant tel qu'il est.

Il y a en chaque parent un enfant, l'enfant du passé, l'enfant merveilleux qu'il aurait voulu être ou qu'il a cru parfois avoir été. Il y a parfois aussi un enfant qui pleure ce qu'il n'a pas eu : la tendresse dont il a été frustré, le bien-être matériel qu'il enviait chez les autres, un enfant qui rêvait d'avoir la lune.

Si bien que lorsque s'annonce un enfant, la tentation est facile de lui projeter ses rêves déçus, de vouloir qu'il soit ce que la vie ne nous a pas permis d'être : “je lui donnerai l'instruction que je n'ai pas eue, le train électrique dont je rêvais, je le comblerai.”

On observe aussi le narcissisme inévitable des époux désirant tellement un enfant qui leur fasse honneur et soit le miroir merveilleux de leur amour. Les amoureux font souvent dans leur dialogue le portrait émouvant de celui qui leur survivra : “ Il sera beau, avec de grands cheveux blonds bouclés, avec tes yeux, ton intelligence...”

Il devra ressembler à un tel, continuer le nom d'un ancêtre réputé. Les premiers mois, voire les premières années, ils penseront qu'ils ont mis au monde «le plus bel enfant du monde», «le plus doué», devant lequel tout le monde s'extasiera (l'enfant pourrait tomber de haut quand il ira à l'école !)

La réalité est souvent différente ! L'enfant ne sera jamais exactement l'enfant que l'on a programmé !

- Vous serez amené :

- à passer de l'enfant imaginaire à l'enfant réel tel qu'il est.

- de l'enfant "qui est en soi (l'enfant qui sommeille au cœur de tout homme) à cet enfant qui est devant soi"(A. Donval), toujours quelque peu étranger.

- à faire le deuil de l'enfant du rêve pour "adopter" l'enfant réel qui est là.

Tout enfant doit être adopté : accepté tel qu'il est !

Ces rêves parentaux peuvent avoir un côté positif (quand ils n'exercent pas une pression morale excessive, mais un appel respectueux) : ils suscitent un dynamisme créateur chez l'enfant, ils conservent chez les parents le charme, la spontanéité, l'émerveillement de l'enfance.

Ces rêves peuvent aussi avoir un côté négatif : lorsqu'ils enferment l'enfant dans un projet qui n'est pas le sien ou cultivent chez les parents les insatisfactions du passé.

Les grands-parents, en général, ont fait le deuil depuis longtemps de l'enfant imaginaire : ils ont fini par accepter ce fils qui divorce, cette fille qui vit en cohabitation. Mais ils ne sont pas sans espérer que leurs petits-enfants les consoleront des déceptions de leurs propres enfants. Ils se reprennent à penser que la deuxième génération retrouvera leurs valeurs et leur fera honneur. D'où leur tentation de s'immiscer dans le couple de leurs enfants pour "rattraper l'éducation de notre gendre ou de notre belle-fille", de donner des conseils souvent mal reçus, et si les petits enfants ne répondent pas à leur attente, de les rejeter ou de leur pardonner car "les pauvres, ce n'est pas de leur faute, avec des parents pareils !"

- Vous serez amené à renoncer à la tentation de la Toute-Puissance !

En face de cette liberté qui grandit, le parent doit souvent renoncer à une domination écrasante. "Je ne pourrai pas faire de mes enfants ce que je veux, et c'est mieux ainsi." "Ce qui est évident, c'est que je n'influencerai pas leurs choix plus tard, pour leurs études, leur métier..."

L'enfant, même petit, doit avoir des zones d'autonomie où il utilisera sa liberté de façon positive.

Les grands-parents sont précieux car ils ont rarement un comportement autoritaire, sauf lorsqu'à cause d'une trop grande fatigue, ils peuvent difficilement supporter le bruit ou l'agitation. Indulgents, ils «passent» souvent à leurs petits-enfants ce qu'ils ne toléraient pas chez leurs enfants autrefois. Les enfants trouvent chez eux un espace bienfaisant de liberté, surtout s'ils habitent à la campagne.

- Vous serez amené à passer
d'un amour parfois possessif,
à l'acceptation de la séparation !

Les parents s'apercevront vite que les enfants ne sont pas à eux. D'autres influences vont les marquer, torpiller peut-être leur éducation : "Finalement il faut mourir comme parents pour s'accomplir comme parents, car consentir à ce que l'enfant nous devienne étranger, pour qu'il devienne lui-même." (Ledu)

"On n'élève pas les enfants pour soi" dit-on souvent. Mais c'est plus facile à dire qu'à faire !

Il y a un renoncement à l'appropriation de l'enfant dans l'acceptation, difficile, de la séparation.

Pour les Grands-parents :
- Il y a les grands-parents possessifs, qui n'ont jamais accepté de voir partir leurs enfants, qui s'accrochent à eux, ainsi qu'aux petits-enfants. Ils font des scènes terribles dès qu'ils se sentent abandonnés. Et ils culpabilisent

leurs enfants. "Ça fait un mois que tu n'es pas venu nous voir ! - Mais non Maman cela fait exactement quinze jours ! On voit bien que je ne te manque pas, pour moi, c'est une éternité !"

Ils prennent volontiers en main les rennes de la maisonnée et les parents redeviennent des enfants obéissants ou subissants ! Ou bien ruent dans les brancards et menacent de partir. Sur leurs vieux jours, ils s'imposent aux foyers de leurs enfants. S'ils sont rejetés, ils souffrent affreusement ; les enfants souffrent avec eux de leurs souffrances et s'en culpabilisent, alors que c'est la possessivité exagérée des grands-parents qui leur fait payer cette terrible facture.

Il y a les grands-parents qui ont compris que leurs enfants avaient leur vie à eux et qu'ils resteraient d'autant plus en bon terme avec leurs enfants qu'ils seraient moins envahissants. Ils trouvent d'autres centres d'intérêt, acceptent que leurs petits-enfants ne viennent pas passer toutes leurs vacances chez eux. Vivre sans cesse avec les grands-parents n'est pas l'idéal pour l'enfant qui a des parents. "Quand le couple des grands-

parents devient le couple de référence, celui des parents devient comme un couple de frère et sœur aînée. Les enfants ne se retrouvent plus. Certains deviennent insolents comme on peut l'être, justement avec un frère ou une sœur plus âgée." (Séverin)

Ces grands-parents discrets sont un exemple pour leurs enfants qui ont eux aussi, à apprendre la désappropriation. Ils vivent le mystère pascal : accepter la solitude parfois dans une maison de retraite pour que les autres vivent ! Puissent du moins les enfants reconnaître avec respect ce sacrifice, et compenser par mille gentillesses et délicatesses : un coup de fil, une visite impromptue même courte, sont souvent, quand ils sont âgés, le seul rayon de soleil des grands-parents.

POUR MOI, ÉDUQUER UN ENFANT, C'EST LUI APPRENDRE A VIVRE DEBOUT !

VOTRE 2ème OBJECTIF

"Que votre enfant vive vos valeurs !"

Vouloir que l'enfant devienne lui-même, c'est très bien... Mais quel parent souhaiterait que l'enfant développe tel penchant à la paresse, à la facilité, à l'égoïsme, sous prétexte que telle est sa nature ?

Les parents et grands-parents souhaitent évidemment que l'enfant se développe dans le sens de ses appels intérieurs, mais aussi en fonction des valeurs, qui, à leurs yeux, permettront à l'enfant de s'épanouir totalement.

Et nous savons combien, parents et grands-parents se réjouissent de voir leurs enfants et petits-enfants découvrir, à leur tour, les valeurs qui les ont fait exister. Et, à l'inverse combien ils souffrent de les voir s'éloigner de ce qu'ils considèrent comme une richesse indispensable. Parmi ces valeurs, la foi a, aux yeux de parents chrétiens, une importance majeure !

A) Vous transmettez ce que vous vivez !

Beaucoup de parents ont un réel souci de transmettre à leurs enfants les valeurs qui leur tiennent à cœur ; ils pensent surtout à la transmission par la parole (par le sermon !). Or les valeurs familiales SE VIVENT d'abord, et l'enfant imite spontanément ce qu'il voit vivre. Il «respire» les valeurs de ses parents... sans s'en rendre compte. Une maman qui est gentille sème la gentillesse dans le cœur de son enfant... même sans rien lui dire.

Le plus important pour les parents est de veiller à leur façon de vivre !

Pour les grands-parents : ils sont souvent l'objet d'admiration de leurs petits-enfants qui aiment leur faire raconter leurs exploits d'antan... Mais surtout, ils sont l'exemple vivant d'une grande fidélité en amour ou dans leurs orientations fondamentales. Ils sont la preuve que les valeurs peuvent défier l'usure du temps.

MAIS... RÉFLÉCHISSEZ !...

- De quelles valeurs s'agit-il ?

Le travail premier pour les parents est de se demander si les valeurs qu'ils veulent transmettre sont bien des valeurs ?

Sur quoi insiste-t'on ? Sur la réussite scolaire ? Sur le «beau métier» qui permettra de gagner de l'argent ? Sur l'obtention d'une «vie pépère», d'une «vie tranquille qui ne s'occupe pas des affaires des autres» ?

Les valeurs économiques comptent-elles plus que les valeurs morales ?

Quels projets faisons-nous pour nos enfants ? Des projets de réussite économique qui ne comportent ni risque ni générosité ?

Avons-nous le souci de l'être ou du paraître ?

Voulons-nous des enfants qui nous fassent honneur ou des enfants moralement solides même s'ils vont à contre-courant du qu'en dira-t-on ?

Pouvons-nous justifier nos choix moraux, notre choix des valeurs ?

- L'essentiel c'est l'amour !

L'enfant attribue aux choses la valeur ou l'importance que ses parents leur donnent. Aussi doivent-ils bien avoir le sens des proportions et ne pas attribuer à l'accessoire l'importance du principal.

L'essentiel, c'est la charité, l'amour... Le premier commandement qui contient tous les autres.

Chaque fois que c'est possible, faites participer vos enfants à votre propre générosité ("Tu veux bien aller porter une part de tarte à la personne âgée de l'appartement voisin").

- Méfiez-vous des paroles égoïstes : "J'en ai assez de donner... Mais non, tu ne vas pas donner ta jolie poupée, donne plutôt ton vieil ours !"

- Être vrai et cohérent, c'est capital !

Il est capital que les parents fassent ce qu'ils disent. Dire à un enfant : "Imbécile, respecte ta sœur", c'est émettre un double message... et l'enfant est perdu.

Ce n'est pas évident d'interdire à un enfant les gros mots que les parents disent ! Surtout que l'enfant est logique :

- "Les adultes sont énervés, mais ils veulent que les enfants soient calmes" (9 ans)
- "Ils me disent que je suis gâté : alors pourquoi ils me gâtent ?"

Ce qui ne veut pas dire qu'il faut être parfait : on peut avoir des faiblesses, encore faut-il les reconnaître et montrer qu'on essaie de progresser.

- Il est bon de s'ouvrir au meilleur de son enfant

Il est bon de ne pas piétiner trop vite les valeurs qui sont en lui.

Nos enfants sont capables de générosité et d'idéal. Exemple ; la sincérité, l'amour de la liberté, la tolérance, le sens de la nature etc...

Avant de plaquer vos idées toutes faites, vous pouvez lui dire ce que vous admirez en lui! Qui sait si vous ne changerez pas vous-même positivement, grâce à lui !

- Vivre nos valeurs dans la joie

Seul ce que vous vivez dans la joie sera séduisant. Les valeurs qui «rayonnent», épanouissent, donnent l'envie d'être imitées. Si vous faites la morale à longueur de journée, votre enfant ou adolescent aura envie de partir en courant. Vous n'imposerez rien par la contrainte !

AGISSEZ !...

Après la réflexion, l'action concrète et positive est possible vis à vis de son enfant.

- Reconnaissez les qualités de vos enfants !

Parce qu'il nous a imités ou parce qu'il a trouvé chez d'autres des richesses, l'enfant vit toujours des choses belles et dignes d'admiration.

Encore faut-il que les parents pensent à dire à leur enfant ses qualités. Il n'en a pas toujours conscience.

“J'aime en toi ta délicatesse avec ton frère handicapé...”

“Tu es possessif, tu veux tout, peut-être que tu as en toi plus que d'autres une soif de Dieu, car tout, c'est Dieu, non ?” (Ainsi même ce que l'on appelle défaut cache souvent une qualité.)

“Tu veux devenir infirmière, dis-tu, pourquoi ? Tu aimerais soigner les autres, leur venir en aide... ?” (Derrière chaque choix de métier, repérer les valeurs recherchées par l'enfant.)

Quand on écoute bien un enfant, on perçoit très vite, derrière chaque phrase qu'il dit, la présence d'une qualité ou de plusieurs. Montrez alors que vous les avez vues.

NB : Attention, l'égocentrisme d'un petit n'a rien d'étonnant ! On ne peut demander à un petit enfant tout un comportement moral. Ce n'est qu'à sept ans, qu'il saisit pleinement ce qu'est le bien et le mal. Il y a donc à respecter son âge, ses rythmes, ses cheminements...

- Vous préparez tout un climat dans la compréhension et le dialogue

Quand le climat a été préparé, quand les parents sont vrais et accueillants, il est possible que dans une occasion favorable, les parents puissent aborder avec leurs enfants le problème des valeurs.

Ils pourront alors en parler simplement, expliquer leurs choix. Avec enthousiasme, ils parleront alors de ces précieux fondements de leur vie.

Leur parole sera d'autant plus reçue, que ce dialogue ne sera pas à sens unique : si les parents acceptent de recevoir aussi de leurs enfants.

En fait, notre système éducatif est-il bâti sur la transmission ou sur l'échange ?

Dans l'échange, domine le principe de réciprocité : les valeurs font l'objet d'une confrontation et les enfants peuvent apporter ; les enfants peuvent aussi éduquer leurs parents !

- N'oubliez pas l'importance de l'identification

L'enfant cherche qui imiter. À l'adolescence surtout, il n'a plus envie d'imiter ses parents, de les copier, de peur de n'être plus lui-même.

C'est alors que des éducateurs valables, des vrais amis prennent le relais.

A -t-on assez le souci de faire rencontrer à nos enfants des personnes motivantes ou de leur fournir des biographies de héros, de saints ?

- Pensez-vous à poser des questions qui n'attendent pas de réponses ?

Plutôt qu'une affirmation qui suscite la méfiance, un questionnement heureux permet à l'enfant de réfléchir. Il suffit de lancer une petite question (et surtout de s'en aller ensuite sans attendre la réponse.)

"Ne penses-tu pas qu'en faisant ça, tu as fait souffrir ?"

- "Crois-tu vraiment que le bonheur est là ?"
- "Es-tu heureux (sous-entendu : d'agir ainsi) ?"
- "As-tu réfléchi pourquoi tu as agi ainsi?"

Il est bon aussi de faire appel à la loyauté (surtout que les jeunes aujourd'hui revendiquent la sincérité) :

-"Tu penses que tu as agi loyalement?"

-"Tu peux dire honnêtement que tu as voulu être vrai ?"

- Vous pouvez vacciner votre enfant !

En même temps qu'il faut « ensemencer» le cœur de nos enfants par les valeurs positives (charité - sens du respect des petits, des différences - justice... etc), il importe de leur parler progressivement, tout-petits, des contre-valeurs ambiantes.

Exemple : Au lieu de cacher à nos enfants la cohabitation de leur grand frère (qu'ils connaissent d'ailleurs souvent avant les parents !), c'est une occasion d'en parler, en expliquant les enjeux et sans cacher nos inquiétudes.

Autre occasion : quand la télévision diffuse des messages douteux, on peut en discuter et faire la part des choses.

- Ne jamais désespérer

Quand on a l'impression d'avoir tout raté, quand on se demande si notre éducation a vraiment servi à quelque chose : toujours garder l'espérance !

Car ces valeurs ne sont pas acquises facilement et rapidement.

Il faut être patient et il n'y a pas toujours de résultats immédiats.

L'enfant peut passer, à l'adolescence surtout, par des turbulences où il semble tout renier. Puis plus tard, (et aujourd'hui l'adolescence dure longtemps !) il remet ses pas dans ceux de ses parents (presque trop !).

Ce qui lève en leur cœur, n'est pas forcément minable.

Essayons de les comprendre.

Surtout continuons à croire en eux, sans désespérer !

B) Comment "transmettre la foi" ou la laisser transparaître ?

- A-t-on le droit de conditionner nos enfants ?

Beaucoup de parents aujourd'hui se demandent s'ils ont le droit de donner une religion à leurs enfants, au risque de les conditionner... Ne vaut-il pas mieux attendre qu'ils choisissent eux-mêmes ?

Attention ! L'enfant petit est toujours conditionné : quoiqu'on fasse, en lui donnant le baptême, on le conditionne, en ne le lui donnant pas, on le conditionne aussi, puisqu'on lui laisse croire que ce n'était pas important.

Pour bien choisir, un enfant a besoin d'être éclairé.

Il n'attendra pas d'être grand pour choisir : il choisira avant ; et sous quelles influences, quels autres conditionnements ?

L'enfant ne pouvant encore choisir, la famille a le droit de choisir à sa place. Elle a le devoir de lui donner ce qu'elle estime être le meilleur pour lui. Dans tous les autres domaines, elle n'hésite pas à lui apprendre telle langue, telle façon de vivre, tel comportement. On lui apprend à manger avec une fourchette (et non des baguettes), à lire, à pratiquer tel geste de politesse. N'est-ce pas aussi un conditionnement utile ?

Il reste que la famille doit un jour déconditionner en respectant le choix de l'enfant: " je t'ai donné ce que je croyais être bon pour toi, maintenant tu es capable de comprendre par toi-même" (et au sujet de la foi, la profession de foi est justement l'accord de l'enfant avec le choix de ses parents.)

- Éduquer, c'est conduire un homme à sa vocation totale

Ce qui justifie l'intervention des parents au niveau de la foi de leur enfant, c'est le désir qu'ils ont de le voir accéder à sa plénitude d'humanité :
“Éduquer c'est mener un homme vers sa pleine humanité”.

Or l'éducateur chrétien ne peut ignorer que la pleine humanité a été réalisée par le Christ. Et donc, éduquer, c'est conduire l'homme sur la route de cette totale humanité révélée dans le Christ, c'est conduire l'homme vers sa vocation de fils de Dieu, dans l'imitation du vrai Fils.

Ce qui va induire chez le parent, l'éducateur, un sens aigu de sa responsabilité : nous ne fabriquons pas seulement les hommes dont la société a besoin mais des hommes appelés à la divinisation. Et ce n'est pas une mince affaire !
Cela procure :

- un sentiment d'émerveillement devant ce «possible» incroyable qu'est un enfant,
- une joie fantastique de percevoir cette vie d'éternité qui habite l'enfant,

- une exigence de ne pas faire une éducation aux simples valeurs humanistes, un évangélisme moral, mais une rencontre avec Jésus-Christ.

- C'est Dieu qui donne la Foi !

"La foi ne se transmet pas !" (Mgr Collini)

La foi est la réponse libre de l'homme à un appel libre de Dieu.

Elle est le don de l'Esprit "qui souffle où il veut" et quand il veut. Dès lors, nous substituer à Dieu serait notre danger. En laissant un peu trop croire que notre parole est Parole de Dieu : "Moi, j'en ai assez de Dieu, Il est toujours d'accord avec vous, on dirait, et pas avec nous, les enfants."

Il n'est pas juste de penser que notre enfant a tout à recevoir. Tout est déjà en lui. Dieu nous y a précédé. Notre rôle consiste à révéler, à nommer ce Tout qui l'habite.

Attention à l'idée que les parents ont de Dieu pour ne pas présenter un faux dieu à son enfant. "La foi est contagieuse, ses déformations aussi." (Le Chapelier)

Les enfants pensent Dieu à notre façon :
Si nous l'adorons, ils l'adorent ;
Ils le craignent si nous le craignons ;
Ils l'aiment si nous l'aimons...

Il est temps de parler avec justesse du vrai Dieu : "S'agit-il du dieu vengeur, du dieu bouée de sauvetage, du dieu garde-fou, du dieu censure ou de Dieu amoureux de l'homme qui rêve d'attirer l'homme dans la plénitude de sa joie, Dieu qui se propose à tous les hommes, Dieu qui se révèle dans un champ d'oiseau, un parfum de fleur, la chaleur d'un sourire ou d'un geste de pardon." (Stan Rougier)

Parler de Dieu très tôt ! Tout simplement depuis que l'enfant est tout petit, si les parents sont croyants, qu'ils lui parlent de Dieu comme ils en parleraient à un de leurs amis et avec simplicité. Que l'enfant en entende parler, naturellement. Un jour l'enfant aura l'intuition de qui est Dieu, çà se fera de soi-même !

Quand la mère est heureuse, elle parle de Dieu d'une certaine façon. Elle en parle autrement quand elle est malheureuse.

Il importe de dire très tôt sa foi, de prier en famille, raconter très tôt la vie des grands apôtres, des missionnaires partis dans le monde parler de Jésus-Christ au risque de leur vie.

- Parents, vous êtes des signes ! Votre façon de vivre compte en premier lieu !

Vivre sa foi

Il importe que les enfants rencontrent des chrétiens qui vivent “avec un plus qu'eux : Dieu”. Un enfant qui surprend son père en prière pressent la présence de l'infini. Son père en est le témoin. En effet la foi est une Connaissance-par-signes.

L'homme devine Dieu par ses signes, par les appels qu'Il met sur sa route : par exemple, des chrétiens heureux ; les premiers signes, ce sont ses parents. lorsqu'ils sont des témoins attractifs de l'évangile, même s'ils ne sont pas tous les jours parfaits ! L'enfant adhérera d'autant plus à la foi qu'il verra ses parents la vivre.

“Entrez dans une église avec un petit enfant. Ne commencez pas par lui faire mille recommandations ni par guider son regard : la croix, la lampe rouge, l'autel, une statue... À votre retour, si votre enfant ne parle de rien, attendez avec respect. Ne vous en faites pas. Il a “senti” et décelé bien des choses. Il a compris qu'une église, c'est un lieu où l'on rencontre Quelqu'un.” (F. Destang)

Être cohérent

Si un parent n'a pas la foi, inutile de faire comme s'il l'avait. Rien ne vaut de reconnaître ses faiblesses, ses ignorances, ses doutes et ses efforts pour avancer.

Si le parent dit “Va à la messe” à son enfant et reste devant la télé pendant ce temps, l'enfant verra l'incohérence entre le discours et les faits, cela posera forcément un problème à sa foi.

Vivre dans la joie

“À force d'entendre chanter les disciples de Moon, j'ai fini par chanter avec eux et par les suivre.” (Un jeune)

C'est la joie qui est motivante, une religion vécue tristement peut-elle attirer ? Comment des chrétiens qui croient au Ressuscité peuvent-ils être si peu porteurs de joie, d'espérance ? Si l'Évangile est une bonne nouvelle, ça doit se voir !

Il y a à donner le goût des choses de Dieu ! “Si tu savais le don de Dieu, disait Jésus à la Samaritaine ! ...”

Nous avons donc à témoigner que notre

religion est une religion de bonheur, que les choses de Dieu sont captivantes. Les parents peuvent éveiller leurs enfants aux richesses de Dieu (l'émerveillement devant la nature, la gentillesse de quelqu'un... etc.).

Vivre dans la confiance et l'espérance

Jésus nous a révélé avec insistance : “N'aie pas peur, Dieu t'aime, Il est là même quand la barque est secouée par la tempête.”

La confiance dans l'action de Dieu dans le cœur de l'enfant est primordiale. À soi de voir tous les aspects formidables, dans la vie et le comportement de l'enfant !

La Foi, une façon de vivre

La foi c'est d'abord une “façon de vivre” en présence de celui qui est TOUT, de vivre aussi en aimant les autres.

- Votre enfant est capable de Dieu !

Pour cela il a besoin de votre amour

Un enfant a besoin d'abord d'avoir été aimé par ses parents. Comment croirait-il au Dieu-Amour, l'enfant qui n'a pas connu l'amour dans sa vie ? On a dit que c'est l'amour des parents qui permet à l'enfant de pressentir l'amour de Dieu.

Attention aux parents «trop engagés», «toujours partis », les enfants finissent par haïr la cause qui leur prend leurs parents si souvent.

Il a le sens du mystère de Dieu

L'enfant a un sens du mystère et le sens de Dieu. Il entend le langage de l'esprit. Il a la louange facile et naturelle. Ne pas le considérer comme quelqu'un à qui il faut «ingurgiter» des vérités religieuses. En réalité, il en a faim. Il attend. La preuve : toutes les questions qu'il nous pose à ce sujet et qui embarrassent bien des parents. Il est capable de comprendre bien des choses : mais il a aussi sa part d'incroyance. Car la foi n'est pas «naturelle», mais don de l'Esprit.

- **Benoît**, 5 ans -

Le père lisant : “Quand deux ou trois sont réunis en mon nom, je suis au milieu d'eux”. Benoît dit à sa sœur : “pousse-toi, laisse de la place à Jésus”.

- **François**, 5 ans -

“Seigneur, je crois que tu es toujours avec moi. Sinon, je donnerai des coups de pieds dans la cour, sans me gêner.”

Mais dans la liberté

La foi ne s'impose pas. "Si tu veux" dit toujours le Christ quand il appelle...

La foi ne jaillit que d'un acte libre : le respect de l'enfant s'impose. Dieu est respectueux de l'homme. Et nous, quel respect avons-nous du jeune, de ses critiques, de ses hésitations, de ses doutes, de sa recherche ?

Dans la vérité

Apprendre l'amour du vrai prépare à voir les signes pour trouver Dieu.

Les signes ne manquent pas pour cela. Chaque fois qu'on apprend à l'enfant l'amour du vrai, la loyauté, on prépare ses yeux à voir les signes. La foi est libre, parce qu'on peut ne pas vouloir voir les signes. "Je te dis, sois avide de trouver le vrai , sois loyal pour reconnaître les signes qui se présenteront sur ta route, même si tu crains d'être obligé de changer de vie."

Un enfant cherche et aime la vérité et il est prêt à croire ce que ses parents vont lui dire. D'où l'importance de ne jamais le tromper ! Surtout en matière religieuse.

Attention aussi à ne pas répondre n'importe quoi : on parle de la mort de Jésus et on dit pourtant qu'Il est vivant. L'enfant peut s'y perdre. Ce qui demande de prendre les moyens pour être clair, juste. Et bien sûr, attention aux amalgames : Père Noël - Petit Jésus - Dieu…

Dieu n'est jamais possédé : il y a toujours à le chercher. Le chrétien est toujours en recherche de Dieu et de son mystère.

L'enfant a besoin de savoir que ses parents cherchent aussi (qu'ils se réunissent avec d'autres adultes pour chercher encore). Les parents ne sont pas d'un côté avec le Christ, et les enfants de l'autre. Les tout-petits peuvent nous évangéliser, être le signe de la présence de Dieu parmi nous.

- Attention aux risques de saturation, de sermons et connaissances théoriques.
- Conduire avec respect à la rencontre de "Quelqu'un" pour découvrir une foi personnelle, dans la liberté naissante.
- Donner le goût de Dieu.
- Ouvrir le cœur, l'esprit.
- Aider les enfants à percevoir les signes de la mystérieuse Présence.
- Inscrire cette Foi dans le corps... par des prières gestuées.

NOTRE PÈRE QUI ES AUX CIEUX LES PÈRES QUI SONT SUR TERRE TE DISENT "CHAPEAU !.."

VOUS ÊTES DES GRANDS-PARENTS CHRÉTIENS ?

Alors, vous vous sentez concernés au plus haut point par la foi de vos petits enfants ! Et vous souffrez s'ils ne sont pas baptisés ou catéchisés. Peut-être vous culpabilisez-vous vous-même à la pensée de n'avoir pas transmis votre foi à vos enfants ou éprouvez-vous, au moins un sentiment d'échec.

1er cas

Vos enfants ont gardé et pratiquent la foi : Vous la confirmez alors, par votre vie et vos paroles et vous êtes un point d'ancrage formidable pour vos petits-enfants.

2ème cas

Vos enfants se jugent incapables de faire l'éducation religieuse de leurs propres enfants et vous laissent les coudées franches pour le faire. Vous pouvez alors beaucoup, surtout si vous ne critiquez pas devant vos petits-enfants «l'indifférence» de leurs parents.

Le cadeau d'une Bible, d'un abonnement à un journal chrétien, une lettre écrite avec le cœur peuvent parfois réveiller une foi qui dort.

3ème ***cas***

Vos enfants ne partagent plus votre foi. Peut-être vos enfants s'offusquent-ils d'une intervention de votre part pensant que vous outrepassez vos droits et faites du prosélytisme; parfois des interventions musclées peuvent réellement être malvenues et contraires à l'esprit de l'Évangile si vous considérez encore vos enfants comme des mineurs.

Respecter !

Comme Dieu respecte notre liberté, il est important de respecter profondément les positions de vos enfants et petits-enfants. L'initiation de la foi est l'affaire des parents, nous n'avons pas à nous substituer à eux pour créer des distorsions. Aujourd'hui nos petits enfants voient l'harmonie entre leurs parents et nous. Un jour ils verront les différences.

Si des jeunes se marient à l'Église pour «faire plaisir à leurs grands-parents» ou pour ne pas «faire un drame» ce peut être regrettable car ces motifs n'apportent rien à la foi et même se retournent contre elle.

Une grand-mère disait : J'ai dit à mes enfants l'importance que j'attachais au baptê-

me, à l'éveil de la foi. Je ne le répète pas : ils savent ce que je pense et je ne veux pas être pesante. Je respecte leur liberté de choix.

Accueillir !

Comme Dieu qui accueille chacun, ils ont besoin de l'être eux aussi.

Patienter !

Dieu est patient avec nous, vos enfants ont besoin de notre patience.

En découvrant l'inattendu de Dieu au cœur de nos projets, en acceptant que la patience soit l'expression de l'Espérance, nous reprenons confiance dans notre rôle de grands-parents.

Se convertir !

Dieu aime le premier. Vos enfants ont besoin de l'exemple d'une conversion du cœur.

Tout n'a pas été parfait dans notre couple, et nous annonçons plus facilement la beauté de la réconciliation. Nous découvrons que nous parlons d'actions de grâce quand nous-mêmes nous n'avons jamais su dire merci.

Reconnaître le positif sous d'autres mots !

Nous disons charité, nos enfants disent solidarité.

Nous disons respect de l'autre, nos enfants disent droits de l'homme : valeurs anciennes et valeurs nouvelles se rejoignent.

Nous apprenons à reconnaître chez les jeunes couples le goût de l'amour, de la famille, de la liberté, de la vérité, et même s'il est parfois caché, le désir de nous entendre parler de notre foi.

Savoir parler au bon moment !

Ce peut être quand vos petits-enfants posent des questions sur votre façon de vivre qui les intriguera un jour ou l'autre. Une parole, adaptée à leur époque, qui soit plus un témoignage sur la joie de vivre sa foi qu'une grande explication.

Avant tout prier et espérer !

Après tout, vos petits-enfants sont aussi les enfants de Dieu, qui est le Père, infiniment patient envers l'enfant prodigue.

Ils sont portés à travers votre prière : « Je fais confiance à mes enfants et à l'Esprit-Saint : Ce qui est en hibernation, le jour venu, germera.» L'amour peut se fier à la fidélité du Père et de Marie : « Nous sommes impuissants, disait un grand-père, à Toi, Marie, de prendre le relais. Je te les confie. »

- II -

Les besoins de vos enfants

Pour Éduquer, la bonne volonté, l'Amour, l'intention droite ne suffisent pas. L'éducation est aussi un métier. On ne peut ignorer les besoins fondamentaux des enfants.

- Enfant d'une civilisation matérialiste de consommation où l'avoir prime sur l'être, il a eu tout, tout de suite, a souvent été gâté et fonctionne sur le principe de «ça me plaît, ça m'plaît pas».

- Enfant d'une scolarisation poussée, il possède une avalanche d'informations et de connaissances, mais reçoit sans donner et se trouve dans une société qui lui donne peu de responsabilités jusqu'à un âge avancé. Tout ceci ne facilite pas l'avènement d'une réelle maturité. «Interminables adolescences !»

- Enfant dont l'avenir est bouché, avec bac plus six, il n'est pas sûr de trouver un emploi et peut piétiner dans le chômage ou des études qui n'en finissent pas.

- Enfant d'une société pluraliste, où tout s'écrit, tout se dit, tout s'étale, où plus rien n'est sacré (sauf l'argent peut-être !) où les repères ont disparu, où toutes les idées circulent (surtout les plus saugrenues, parce qu'elles font davantage d'audimat !)

- Enfant de la télévision, il passe plus de temps à la regarder qu'à l'école. C'est la civilisation du zappage - où l'on ne tient pas en place et où l'on aime le changement-.

- Enfant moderne, avide de communication dans une société qui en parle beaucoup, et en vit si peu, même en famille.

TROIS BESOINS ESSENTIELS DE L'ENFANT DE TOUJOURS ET DONC DES VÔTRES

1) - « le besoin d'exister »

En tout être humain, de la naissance à la vieillesse, existe un puissant désir d'exister, de grandir, de compter pour les autres, d'affirmer sa personnalité d'avoir de la valeur.

- Regardez votre bébé, votre enfant : à peine venu au monde, il exprime très simplement son désir de vivre, d'exister et s'arrange pour que l'on ne l'oublie pas (pleurs, cris, bêtises...)

- Regardez votre adolescent : voyez son souci de se faire remarquer par son vêtement, sa mobylette, ses frasques, ses originalités...

- Besoin d'être reconnu, d'être perçu comme important

L'enfant a besoin de savoir qu'il est «attendu», «espéré». Il a besoin de sentir sur lui les regards admiratifs de ses parents : il se croit alors le centre du monde. Il existe. Il compte. Sous le regard admiratif et tendre de son papa, la petite fille se transforme en un petit bout de femme, heureuse d'être elle-même. L'enfant a besoin de savoir qu'il a de la valeur : Les yeux de ses parents lui disent qu'il est formidable. L'enfant a besoin de croire en lui, d'avoir confiance en lui, de croire en ses possibilités de progrès. “On ne grandit que pour les êtres qui croient en nous.”(Evely)

L'enfant a besoin de se sentir admiré : il

se dilate sous l'émerveillement des parents, et se sent valorisé. À l'inverse, il souffre follement quand il est blessé, humilié, incompris, dévalorisé. L'enfant a besoin d'être respecté. Par exemple, quand il est dans son jeu, ne pas l'interrompre sans raison.

Heureux l'enfant qui, à sa naissance, a lu dans les yeux de sa maman qu'il comptait pour quelqu'un !

Heureux l'adolescent qui a entendu, un jour, son père lui dire avec une sincérité totale et en s'appuyant sur un fait : "Tu sais que tu es formidable, j'ai vu ce que tu as fait l'autre jour pour ta grand-mère".

L'enfant a besoin d'avoir de lui-même une image satisfaisante, une image gratifiante et positive qui lui donnera foi en lui et foi en l'avenir.

Grands-parents, vous avez une faculté formidable d'émerveillement devant vos petits enfants. Le temps que vous consacrez pour jouer avec eux, les écouter, les prendre au sérieux, va puissamment les valoriser. Les parents qui «râlent» tout le temps soulignent plus souvent les défauts que les qualités. Plus indulgents, vous envoyez plus volontiers à l'enfant une image positive de lui-même. Vous êtes merveilleux pour les initier à la lecture, au jardinage... et même pour leur redonner le goût de l'école !

- Besoin d'être reconnu, comme «unique, d'être «préféré»

L'enfant a besoin d'être perçu et accepté dans son individualité propre.

Ce n'est pas le cas si les parents estiment leur enfant différent de ce qu'il avait rêvé. Ou si (inconsciemment chez les parents) ils remplacent par exemple un frère décédé dont les parents n'ont pas fait le deuil.

D'où l'importance du prénom original et aimé (les Asiatiques donnent souvent des prénoms qui sont une reconnaissance de valeur : Voici notre «Soleil-du-matin», notre «Fleur de joie»...).

Attention, quand un enfant n'est pas préféré, il croit qu'il n'est pas aimé ! Et il faut l'ingéniosité du cœur des parents pour que chaque enfant pense qu'il est préféré !

“Chacun n'a-t'il pas tout entier le cœur d'une mère”, disait Victor Hugo.

Grands-parents, ici encore, vous jouez un rôle indispensable : En repérant les préférences au sein de la famille, si elles existent, vous pouvez compenser en étant plus attentifs à celui qui se croit «l'oublié»... Attention à ne pas en faire le reproche à vos enfants devant vos petits-enfants évidemment ! N'hésitez pas à inventer des surnoms: "Toi, tu es mon sourire", "Toi, tu es notre pinson"...

Ce besoin d'exister est essentiel à satisfaire si vous ne voulez pas trouver chez lui :

- Un complexe d'infériorité, qui se traduit par un manque de confiance en soi, une incapacité de prendre des responsabilités, des régressions infantiles, un perfectionnisme pour plaire aux parents.
- Un complexe de jalousie envers les autres frères.
- Un complexe de culpabilité, car il s'attribue à lui-même et à ses défauts le fait de n'être pas reconnu.

Pour répondre à ce besoin d'exister l'attitude essentielle des parents : L'ADMIRATION

2) - « le besoin de relations pleines d'Amour »

"Le second besoin (pour l'enfant comme pour l'adulte) est celui de l'engagement actif dans un ensemble de relations interpersonnelles.

Pour le bébé naissant, le besoin de relation avec sa mère est immédiat... très tôt, il s'intéresse au visage de sa mère, si elle le tient en le regardant dans les yeux, tout en lui parlant...

Puis graduellement, il différencie le père de la mère, il note son approche particulière et l'apprécie beaucoup. Autant il aime être contenu et calmé par la mère, autant il raffole d'être manipulé vigoureusement par le père. Au père donc de l'accueillir.

Son attachement s'approfondit vers six-huit mois : Le départ de ceux qu'il aime entraîne ses protestations... Leur retour une jubilation sans bornes..." (Michel Soulé)

Ce besoin s'exprime par un :

- Besoin de présence

L'enfant veut sentir ses parents présents à son existence. On connaît la plainte fréquente des enfants de six-dix ans : "Pourquoi on ne fait pas beaucoup de choses en famille ? Pourquoi Papa ne joue pas plus avec nous ?"

Votre enfant a besoin de votre chaleur, de votre présence. Il préfère jouer à la cuisine près de Maman, plutôt que dans sa «salle de jeux» ou profiter de la présence attentive et gaie du père (et non repliée derrière son journal, sa télévision, distrait ou préoccupé).

Grands-parents, vous êtes bien placés pour donner du temps et de la présence à vos petits-enfants : beaucoup d'enfants gardent un souvenir de promenade avec leur grand-père, de séances de jeux, le soir à la veillée. Et cette présence est de qualité.

- Besoin d'amour et de tendresse

L'expérience le montre abondamment. Votre amour et celui de l'entourage familier apportent à votre enfant ce qui lui faut pour vivre, avoir confiance en lui et affronter les réalités. Il procure énergie et dynamisme. Un enfant aimé ose s'exprimer en toute confiance et osera vivre sa vie ailleurs.

- L'amour du père est capital !

L'enfant le ressent comme devant être mérité (alors que celui de la mère est donné) : il va donc être source de progrès chez l'enfant.

- L'amour est structurant car il favorise l'épanouissement du «moi»

Plus les relations d'amour sont nombreuses (jeux), plus l'enfant est structuré : amour réciproque des parents entre eux, des parents avec les frères et sœurs, avec les amis ou les voisins.

- L'enfant a besoin, aussi, de contacts chaleureux, de tendresse

Il a surtout besoin d'une tendresse exprimée : à quoi ça sert de s'aimer tant en famille et de se le dire si peu ? Par quelle regrettable pudeur tant de pères cachent-ils les sentiments admirables qu'ils ont pour leurs enfants ? "Mon père ne m'a jamais dit qu'il m'aimait !"

Grands-parents, dans ce domaine vous avez une place privilégiée surtout si vos enfants sont balottés dans des familles éclatées. Beaucoup d'entre vous ont élevé leurs petits-enfants venant de couples divorcés ou séparés par la mort.

Quelle chance d'avoir un grand-père-bisous ou une grand'mère-gâteau !

Moins préoccupés que les parents des notes et des études, car vous n'avez pas la respon-

sabilité de l'éducation, vous établissez d'emblée avec vos petits-enfants une relation tendre, privilégiée, moins conflictuelle, plus indulgente, et même plus complice. "J'étais heureuse de passer mes vacances avec ma grand-mère, disait une adolescente de seize ans, sans personne pour me dire ce que je devais faire ou ne pas faire."

D'ailleurs quel père n'a pas dit un jour de son propre père : "Si vous saviez comme il est différent comme grand-père de ce qu'il était comme père, il était si sévère avec moi, et mon fils le mène par le bout du nez !"

Si vous faites preuve de délicatesse, vous pouvez avoir un rôle de tampon entre vos enfants et petits-enfants, un rôle unificateur de toute la famille : votre maison peut être le lieu de retrouvailles entre eux.

- Besoin de communication

L'enfant n'est pas seulement conçu par le don des corps mais aussi par la parole des parents qui l'humanise. Depuis les travaux de Françoise Dolto, on sait l'importance de la parole dès les premiers jours de la vie.

Si ce besoin relationnel n'est pas satisfait, votre enfant part dans la vie avec un handicap certain : on en connaît les conséquences chez l'enfant qui n'a pas eu son compte de caresses, de tendresse, d'échanges avec les siens. Il souffre dans son cœur, dans son corps, dans son langage.

Grands-parents, vous savez mieux que les parents donner du temps à l'écoute de vos petits-enfants. Ils vous font parfois des confidences qu'ils ne font pas à leurs parents, surtout s'ils vous savent vraiment des «tombeaux». Ils se sentent pris au sérieux, et ont la joie de vous voir à l'affût de leurs paroles et drôleries. C'est agréable à trois ou sept ans d'avoir déjà un auditoire intéressé et amusé !

Et puis vous avez tellement de choses à raconter vous-mêmes sur votre passé! C'est un gisement inépuisable ! Ils aiment aussi quand vous mimez de jolis contes où le méchant loup est puni, car vos petits enfants ont besoin de rêve et d'assurance.

Résumons : l'attitude essentielle des parents pour répondre à ce besoin d'amour c'est :

LA TENDRESSE

3) «le besoin d'être en sécurité»

Le petit de l'homme connaît en naissant l'angoisse (l'angoisse d'être incapable de se débrouiller seul). Il est comme un grand handicapé qui a besoin de tout. Son dénuement le rend dépendant de l'environnement, à la différence des petits d'animaux.

Ce monde qui l'accueille est-il hostile ou accueillant ?

La sécurité donne à l'enfant de l'assurance pour s'aventurer plus loin hors du cadre familial. "Les caractéristiques de la sécurité sont d'abord des relations familiales stables sur lesquelles il pourra s'appuyer (d'où la peur du divorce chez l'enfant qui voit ses camarades à l'école en être les victimes).

Stabilité aussi des endroits familiaux qui lui fournissent des repères nécessaires quand il tente des expériences. Stabilité d'un coin à lui où il sait qu'il pourra faire ce qu'il veut sans intervention d'adultes. Des règles claires qui évitent la perturbation dûe aux ordres et aux contre-ordres".

Charles Maccio

- **Besoin d'identité**

Chaque être humain doit bien savoir qui il est : Quels sont ses parents, quelle est la grande famille dont il est issu, quelles sont ses origines géographiques, l'histoire de son environnement. Les parents doivent mettre en mots l'histoire de la famille. La psychanalyse insiste sur l'importance de cela, surtout dans un monde où abondent les familles recomposées.

Grands-parents, vous êtes la mémoire de la famille, des témoins de la continuité et des changements qui l'ont marquée, une courroie privilégiée de transmission. C'est un facteur d'identification très efficace. Les questions des petits-enfants abondent sur votre passé et vos origines : "Tu as été petit, toi aussi ? Comment as-tu connu Grand-Mère ?"

L'enfant a besoin d'être relié à son passé, à son présent, à son avenir.
Dans une famille sans père ou avec un père absent, vous le grand-père, vous êtes précieux pour représenter une image masculine.
Votre maison familiale est souvent ce lieu privilégié ou enfants et petits-enfants se ressourcent en retrouvant leurs racines. Et ce n'est jamais sans émotions que vous ouvrez le grand album de famille et maintenez en les expliquant les rites, les traditions et les rythmes familiaux si rassurants.

- Besoin de la stabilité du couple

Le plus beau cadeau que vous puissiez offrir à votre enfant, c'est d'être un vrai couple.

Un amour conjugal très fort a l'avantage de situer l'enfant à bonne distance de ses parents : d'une part, il est aimé, puisqu'il est le fruit de cet amour, d'autre part, il n'est pas trop aimé puisque ses parents s'aiment d'abord en premier ! Et il le voit bien le soir, quant il part seul se coucher, pendant qu'eux, partent ensemble. Il est ainsi remis à sa vraie place : aimé certes, mais protégé d'une relation trop fusionnelle avec sa maman. L'enfant ne se structure idéalement que s'il grandit dans une relation triangulaire (père-mère-enfant) et non dans une relation duelle avec l'un des membres du couple. Vous les mamans, pour être bonne mère, soyez d'abord bonne épouse !

Grands-parents : quand le couple de vos enfants est dissocié, votre rôle de suppléance est indispensable. Car le «triangle» est rompu.

Pour tout petit-enfant, l'amour des grands-parents est sécurisant. En général, il sait qu'il sera reçu les bras ouverts ! Mais attention de ne pas critiquer leurs parents devant vos petits-enfants : un principe éducatif essentiel est de ne jamais dire à un enfant du mal de l'une ou l'autre de ses racines.

- Besoin de sérénité

Aujourd'hui, on comprend que vous ne soyez pas rassurés ; la drogue, le sida, le chômage ! Et comme vous avez peur, vous avez tendance à surprotéger vos enfants. S'ils ont un peu de personnalité, ils n'ont qu'un désir : s'empresser de faire le contraire de ce que vous leur dites.

La peur ne vertèbre pas. Elle aurait plutôt tendance à fragiliser l'enfant, à lui laisser comprendre que vous n'avez pas confiance en lui.

Les meilleures défenses de votre enfant ne sont pas extérieures mais en lui. Ce qui fortifie un enfant et le vertèbre, c'est votre sérénité, votre admiration qui lui révèlent les richesses qui sont en lui, votre exemple de vie, vos convictions qui l'aident à développer les valeurs intérieures.

> *Grands-parents : être serein, faire confiance vous est plus facile qu'aux parents. Vous savez, avec l'âge et l'expérience, relativiser les choses. Vous avez aussi autrefois tremblé pour vos enfants et dans bien des cas cela a fini par s'arranger ! Vous êtes moins directement concernés et tellement admiratifs devant vos petits-enfants !*
>
> *Vous êtes sécurisants aussi en étant point de repère du temps qui se déroule.*

- Besoin de repères et d'interdits : Rôle sécurisant de l'interdit

Votre enfant a besoin d'autorité car il est animé de désirs merveilleux, mais de désirs infinis qui veulent tout. Il est bon de ne pas tuer ces désirs qui sont les moteurs de sa vie et de les cultiver ; il importe aussi, comme ils sont imprécis, de leur donner des objectifs, des valeurs et de les canaliser. L'enfant, le premier, sent qu'il en a besoin pour être protégé contre lui-même. Un excès de libéralité le laisse dans l'insécurité, et l'oblige à faire seul des choix difficiles.

Différents rôles de l'interdit

Les interdits n'ont pas comme fonction d'apporter la paix aux parents en endiguant l'impétuosité des enfants, d'empêcher l'enfant de vivre pleinement.

Ils ont comme fonction :

- D'économiser la souffrance par une rencontre trop brutale du désir avec le réel. "Si je ne donne pas à l'enfant tous les gâteaux qu'il demande, c'est pour lui éviter d'être malade".
- De structurer le désir, en le dirigeant (lui qui est aveugle) vers ce qui épanouit.
- De sécuriser : l'enfant laissé à lui-même est insécurisé.

Tout l'art, c'est de bien placer l'interdit

Pour que l'enfant qui se cogne contre l'interdit ne soit pas vexé, dépité, agressif, mais finisse par comprendre qu'il est là pour son bien, l'interdit doit être :

- **Expliqué** : Ne pensez pas trop vite que votre enfant est trop petit pour comprendre. Votre enfant acceptera l'interdit s'il ne lui paraît pas arbitraire.

- **Placé un peu dans le réel** : Le meilleur moyen pour que l'enfant accepte l'explication donnée sur le pourquoi de l'interdit, c'est qu'un brin d'expérience ait été permis. “Tu vois que la cigarette que tu viens de fumer te fait tousser !”

- **Proféré avec amour et respect** : Sur un ton arbitraire, l'interdit ne peut que cabrer le désir. Lorsque l'enfant perçoit que cet interdit ne jaillit pas d'une volonté de toute-puissance du parent, mais de l'amour qu'il lui porte, il sera plus facile pour lui de l'accepter.

Mais si le parent n'a pas de temps d'intimité avec son enfant et ne s'en occupe que pour le restreindre, l'interdit sera rejeté.

- **Sans chantage et sans menace** : Votre enfant doit savoir que, quoi qu'il fasse, il ne sera jamais rejeté dans le domaine de l'amour, même s'il peut être puni.

- **Modulé** : Il importe de bien lui montrer que vous n'attachez pas la même importance à tous les interdits.

Ceux qui interdisent les manques à la charité (insulter sa mère, taper son petit frère) sont plus graves que ceux qui protègent les biens matériels (ne pas toucher à la télé !).

Sinon (surtout si ces interdits sont nombreux), il les rejettera en bloc, comme des tracasseries tatillonnes.

Modulez aussi l'interdit en fonction de chaque enfant en tenant compte de son originalité, de son tempérament et de ses possibilités, sans appliquer à tous une loi uniforme.

- Ferme et doux (calme) à la fois : L'amour n'empêche pas d'avoir un ton ferme qui fera comprendre à votre enfant que votre décision est définitive parce que sage.

- En petit nombre : Si votre enfant est soumis à un harcèlement d'interdits, ou il se blindera et n'obéira à rien, ou il perdra toute personnalité.

Attention à un environnement adapté à ses besoins pour ne pas avoir à le submerger d'interdits et qu'il puisse s'épanouir sans être obligé de faire attention à tout.

Et plus votre enfant grandit, moins nombreux seront les interdits !

- Elaboré avec l'enfant : Quand c'est possible, associez votre enfant à la fixation de l'interdit ; il vivra plus facilement avec les lois qu'il aura lui-même fabriquées.

- **Humble** : L'interdit n'a pas pour but de faire «plier» votre enfant, il n'entre pas dans une lutte de pouvoirs parents-enfant.

Grands-parents : En général, vous n'avez guère recourt à l'interdit mais vous avez plutôt tendance à trop permettre ! Le rapport de force n'existe pas comme entre les parents et les enfants.
Les parents vous reprochent souvent de laisser tout faire mais "l'enfant sait bien qu'il y a une certaine loi chez les parents et une autre chez les grands-parents et il s'y adapte très bien". (M. Rota)

Que ce ne soit pas un prétexte pour refuser les enfants aux grands-parents ! Un peu de souplesse dans les interdits ne fait pas de mal !

Résumons : pour que l'enfant connaisse la sécurité, il a besoin de parents qui S'AIMENT, de parents FERMES et COHÉRENTS.

PETITS CONSEILS
POUR
PARENTS PRESSÉS

- Notez bien l'importance des toutes premières années.

- Soyez attentifs aux désirs, aux besoins de l'enfant.

- Un enfant imite... ce que vous faites... !

- Soyez patients... Ne tirez-pas sur l'herbe pour qu'elle pousse plus vite !... Respectez son rythme...

- Qu'il y ait entre vous, parents, une conception assez proche en éducation... pas divergente... pas toute proche non plus.

- Sachez que vos enfants ne sont pas que vos enfants, mais aussi les enfants d'une société... d'une époque...

- Savoir dire non !

- Prendre le temps de rire en famille.
- Apprendre à relativiser les problèmes.
- Donner, mais aussi savoir recevoir.
- Dire à ses enfants leurs qualités.
- Avoir confiance en son enfant, pour qu'il ait confiance en lui.
- Leur apprendre qu'on n'a pas tout et tout de suite.
- Accepter qu'ils ne soient pas de notre avis.
- Accueillir leurs copains à la maison.
- Leur apprendre à donner.
- Ne pas abuser des conseils.
- Souligner leur positif.
- Les faire participer aux décisions familiales.
- Connaître le pourquoi de nos exigences.
- Savoir reconnaître nos erreurs et s'excuser.
- Prendre son temps... ne pas se presser !
- Jouer avec eux.
- Apprendre à s'adapter.
- S'en tenir à la décision prise.

- Les laisser exploser de temps en temps.
- Bien expliquer le pourquoi de nos choix
- Savoir évoluer.
- Être en harmonie et cohérence avec soi-même.
- Faire confiance à son intuition profonde.
- Leur expliquer ce que l'on ressent.
- Se rappeler que chaque enfant est unique.

CONCLUSION

Notre tâche d'éducateur, si lourde certains jours, serait amplement facilitée :

- si nous prenions conscience de ce que nous devons à nos enfants, de ce qu'ils nous apportent.

Avant d'être corvée, ils sont sourires... avant d'être "dévorants", ils sont enrichissants... À chacun de faire la liste de ce qu'il doit personnellement à ses enfants : "Ils nous rajeunissent, nous bousculent, nous apprennent à être vrais, nous démasquent, dérangent nos certitudes, nous font rire, nous rendent heureux, nous rendent adultes et responsables, nous émerveillent, nous apprennent l'écoute..."

- Si nous acceptons de vivre l'imparfait de la condition humaine dans la lumière du Mystère Pascal.

Aussi bien que nous fassions, il y aura toujours des ratés, des déceptions, des erreurs... Il ne s'agit pas de se culpabiliser.

Nos parents, eux-aussi, ont fait des erreurs, et ce n'est pas pour cela que nous gardons de la rancune...

Devant l'imperfection de toute éducation, c'est l'occasion de vivre le "Mystère Pascal" :

- Accepter de passer par une certaine mort, mort de nos rêves, de nos illusions, des projets que nous avions sur nos enfants.
- Vivre un renoncement à une satisfaction parfaite. Le renoncement accepté devient germe de résurrection pour les enfants et nous-même.

Rassurons-nous, il n'y a pas d'éducation parfaite, de famille parfaite !

Le parent, le grand-parent rencontrera la déception, l'échec : éduquer, c'est vivre un amour exposé !

"Il y a des situations où l'on ne peut plus rien. Il faut pouvoir ne rien pouvoir... seulement aimer."

Dans la Bible, Dieu le premier se heurte à la liberté rebelle de son enfant : Il devra gérer sa déception. Dieu est affronté à l'échec, au péché des hommes, à leur nuque raide et à leur cœur endurci. Son amour est conflictuel : “Cieux écoutez,... j'ai élevé des enfants, je les ai fait grandir, mais ils se sont révoltés contre moi.” (Isaïe 1, 2)

Mais le Dieu de la Bible n’est-il pas aussi le Dieu qui fait confiance... envers et contre tout.

À notre tour gardons l’Espérance qu’Il veillera sur nos enfants... puisqu’après tout ils sont aussi les siens !

****

Table

- Plus qu'un métier... un art !................. 7

1ère partie

- Vous, Parents, Grands-parents, que désirez-vous vraiment pour vos enfants et vos petits-enfants ? 13

- Votre 1er objectif : 19
"Que votre enfant soit lui-même !"

- Votre 2ème objectif : 29
"Que votre enfant vive vos valeurs !"

- A) Vous transmettez ce que vous vivez ! 31

- B) Comment "transmettre la foi" ou la laisser transparaître ? 41

- Vous êtes des grands-parents chrétiens 55

2ème partie

- Les besoins de vos enfants 61

- Trois besoins essentiels de l'enfant de toujours et donc des vôtres 64

- Petits conseils pour parents pressés 86

- Conclusion 89

Achevé d'imprimer sur les presses de la SEPEC
Dépôt légal 1er trimestre 2001